AF259560

SOCIÉTÉ FRANÇAISE

DE

SECOURS AUX BLESSÉS MILITAIRES

CONFÉRENCES

PAR

Le Dʳ FOUCAULT

DE FONTAINEBLEAU

L'Asepsie des Mains

Le Régime Alimentaire des grands Blessés

FONTAINEBLEAU

MAURICE BOURGES, IMPRIMEUR BREVETÉ

Rue de l'Arbre-Sec, nᵒ 32.

—

1901

SOCIÉTÉ FRANÇAISE

DE

SECOURS AUX BLESSÉS MILITAIRES

CONFÉRENCES

PAR

LE Dr FOUCAULT

DE FONTAINEBLEAU

L'Asepsie des Mains

Le Régime Alimentaire des grands Blessés

FONTAINEBLEAU

MAURICE BOURGES, IMPRIMEUR BREVETÉ

Rue de l'Arbre-Sec, n° 32.

—

1901

A MONSIEUR LE DR GÉRY

MEMBRE DU COMITÉ

CHEF DU SERVICE MÉDICAL

Hommage d'affectueuse confraternité.

PREMIÈRE CONFÉRENCE

(14 Janvier 1901)

L'ASEPSIE DES MAINS

—

Mesdames,

Plusieurs d'entre vous ont exprimé le désir que quelques Conférences vous soient faites sur des sujets d'hygiène pratique, surtout en vue des soins à donner aux blessés, auxquels comme Dames de la Croix-Rouge, vous pouvez être appelées à prodiguer les trésors de votre charité; et vous vous êtes adressées au Corps médical de notre hôpital. Les circonstances m'ont appelé à être le premier à l'honneur.

Le sujet de notre Conférence pourrait être intitulé indifféremment : *La main septique*, ou encore l'*Asepsie des mains*. Mais vous ne savez pas encore ce que j'entends par ces mots asepsie et septique, je vais, sous peine d'être taxé de mauvais goût, vous dire franchement ma pensée; nous allons causer de la nécessité et de l'art de se laver les mains... en Chirurgie.

Je dis, remarquez-le bien, *en Chirurgie*. « La propreté », selon le mot d'un de nos plus distingués Chirurgiens, le Docteur Bazy, « est le commencement de la chirurgie ». — « Un chirurgien », a dit un autre, « qui n'est pas méticuleusement propre, est indigne de pratiquer son art... » Et il faut en dire tout autant de ses aides, et aussi de tous ceux qui approchent, touchent, soignent les malades et surtout les blessés. Ceci à votre adresse. Mais s'agit-il de la propreté vulgaire, de celle à laquelle nous prétendons tous? Non : il s'agit de la propreté chirurgicale.

Et d'abord deux définitions que vous comprendrez, j'en suis sûr :

La première. — Je nomme *asepsie* cet état de propreté, de pureté, particulier, idéal, désirable en tout cas, des personnes, des objets, des liquides, des gaz, telle qu'ils ne sont souillés ni à leur surface, ni dans leur substance par les germes des maladies septiques et infectieuses. En Chirurgie, c'est surtout contre les maladies septiques que vous aurez à lutter ; et, par maladies septiques, il faut entendre les maladies aiguës, inoculables, caractérisées par la suppuration ou la mortification, telles que l'érysipèle, les divers phlegmons, les septicémies (infection purulente), gangrènes septiques, gazeuses, pourriture d'hôpital. « Je ne confierais pas », disait dernièrement le Professeur Terrier, « mon péritoine aux mains d'un opérateur qui, la veille, aurait touché du pus ». Les maladies infectieuses, celles dont l'ensemble des symptômes rappellent plutôt le type dit typhoïde, et proviennent d'un empoisonnement du sang par des produits toxiques, ne sont pas moins dangereuses. Il n'est pas plus désirable pour un blessé de contracter par des attouchements, par inoculation, la tuberculose, le tétanos ou l'érysipèle. Je n'aimerais pas, si j'étais blessé, être pansé par un scarlatineux en cours de desquamation, par un tuberculeux expectorant, pas même par un convalescent de pneumonie. Un Chirurgien allemand s'accusait un jour, en plein Congrès médical, d'avoir causé la mort d'une de ses opérées, en se faisant aider par un assistant qui avait un coryza grippal. La grippe, en effet, est une maladie infectieuse. Il y a deux ans, je fus mandé d'urgence pour pratiquer une opération à la campagne ; j'étais convalescent d'une congestion pulmonaire grippale. Il s'agissait d'une opération que j'ai faite maintes fois avant ce temps et depuis avec un égal succès et sans accident. Eh bien! cette fois-là mon petit opéré ne guérit qu'après une suppuration abondante ; aujourd'hui je me l'explique : c'est à mon état grippal que fut due cette complication.

J'ai dit que l'asepsie était un état presque idéal.—Est-il donc si rare? Mais oui, très rare, en vérité. Montrons-le par quelques exemples.

L'air des régions supérieures, celui qu'on respire dans les grandes ascensions aérostatiques, celui des hautes cimes, ou encore celui de la pleine mer est pur. — Mais l'air des plaines ne l'est déjà plus; celui des villes est impur, celui de nos habitations l'est plus encore; il ne contient que 14 à 16,000 microbes par mètre cube! Si tous ces microbes ne sont pas également dangereux, si un petit nombre seul donne à cet air le caractère septique, il n'en est pas moins vrai qu'ils nous font courir de continuels dangers. Je ne parle pas de l'air de nos ambulances ou de nos salles d'hôpital; celui-là contient presque sûrement le streptocoque de l'infection purulente, les staphylocoques de la suppuration banale, peut-être le vibrion septique de la gangrène gazeuse.

L'eau de pluie est impure; elle s'est chargée en tombant des microbes aériens. L'eau de source est souvent souillée au moment où elle voit le jour; celle que nous buvons au griffon d'une source minérale contient déjà des germes. Que sont alors les eaux de rivière, de citerne, de puits, qui servent aux usages domestiques, et avec laquelle nous nous lavons les mains. Il n'y a d'aseptique que l'eau récemment, *très récemment bouillie* — 24 heures au plus — retenez ce fait. Celui qui veut rendre ses mains chirurgicalement propres, doit les laver avec de l'eau bouillie. Voilà pourquoi dans les services de Chirurgie modèles, dans les salles d'opérations modernes, il y a de l'eau bouillie à discrétion, et non d'autre.

La terre est infectée de microbes dont plusieurs sont très septiques, témoin le redoutable bacille du tétanos; de là la nécessité d'un nettoyage minutieux des plaies souillées de terre; et combien est fréquente cette souillure dans les plaies de guerre.

Et nous-mêmes, sommes-nous aseptiques. Oh! que nenni! En nous vit un monde de microbes prêts à distiller d'horribles poisons, prêts à nous dévorer, le jour où l'énergie de la vie faillira en nous, à plus forte raison le jour où elle manquera. Pour quelques-uns de bons, combien de septiques et d'infectieux. Un autre monde vit à notre surface, dans notre bouche, dans nos narines, dans les plis de notre peau (surtout un certain staphylocoque blanc, proche parent du staphylocoque doré, celui-ci plus dangereux), dans notre sueur, comme l'ont prouvé Terrier et Morax, sur nos mains, sous nos ongles. Oui, septiques les mains de ces excellentes religieuses, qui nous écoutent et qui retourneront tout à l'heure reprendre l'œuvre journalière en pansant leurs infirmes ; — septiques mes mains que je promène chaque jour sur des plaies suppurantes ou seulement sur des peaux dont la propreté n'est ni suspecte ni douteuse ; septiques vos mains, Mesdames, le jour où vous aurez pénétré dans une ambulance, fréquenté les hôpitaux, lavé une blessure. Et que votre amour-propre et votre légitime coquetterie n'en soient pas froissés. L'asepsie n'est pas la propreté vulgaire, pas même la propreté d'une toilette raffinée. Des mains grasses et poussiéreuses, des ongles en deuil ne sont sûrement pas aseptiques ; mais des mains blanches et nettes, des ongles en... toilette de bal ne le sont pas beaucoup moins. S'il m'arrivait un accident, j'aimerais mieux être relevé par un charbonnier ou un maçon, que par tel valet de chambre en rupture de ménage ou tel blanchisseur en recollement de linges sales. Défiez-vous de ces petites écorchures légèrement rosées et douloureuses, de ces pellicules periunguéales, de ces petits furoncles dans les poils des doigts. Ce sont des foyers de microbes souvent susceptibles de transmettre des maladies septiques. Défiez-vous surtout de ces petites tournioles, bobos blancs, qui fleurissent aux doigts des enfants. On vous dira qu'il a l'humeur en mouvement ; je dis plus, il va mettre en mouvement l'humeur de tous les siens ; car il va inoculer à ses frères et sœurs, à sa mère, une série des boutons de type uniforme sous des aspects assez variés, de l'ecthyma ou de l'impetigo, un des méfaits du staphylocoque doré, déjà nommé. Un jour je fus appelé à faire un pansement à un personnage qui portait un nom consacré par l'histoire et un titre enviable ; à peine avais-je commencé qu'il me fit remarquer que j'avais à un doigt un bobo, en voie de guérison il est vrai. Je terminais le pansement, un peu vexé. Eh bien ! il avait raison, dans son instinct, de se défier de moi ; mais les doctrines microbiennes ne m'avaient pas encore converti ; j'avais tort dans ma juvénile présomption et mon assurance professionnelle.

Deuxième définition. — J'appelle *antisepsie* la méthode et l'ensemble des moyens physiques et chimiques par lesquels on recherche et on peut réaliser l'asepsie.

Ainsi le feu est l'antiseptique parfait : il y a longtemps qu'on a dit qu'il purifiait tout. Passez au feu un objet, un instrument, un vase, il est pour un certain temps aseptique. Le thermocautère dont vous entretiendra notre Confrère le Dr Sockeel, est le type de l'instrument aseptique dès qu'il a été porté au rouge. C'est par le feu que nous aseptisons l'eau, et nous arrivons par ce moyen à l'asepsie relative de nos mains, — ce que nous ne pouvons pas obtenir directement.

Mais voici le cortège incomptable et chaque jour grossissant des médicaments antiseptiques : l'eau oxygénée, l'alcool, l'aldéhyde formique, le sublimé corrosif, l'acide phénique, le lysol, le sulfate de cuivre, le chloral, le salol, l'acide borique, l'iodoforme, les solutions chlorées, etc., etc., sans compter les mixtures complexes, le laurénol, le chlorol Mary, le sanol que prépare un de nos pharmaciens, M. Dedet, et l'iodale de calcium, l'antiseptique du dernier bateau.

Quel est le meilleur, le plus sûr, le plus microbicide, et en même temps le moins dangereux pour nous-mêmes? Si le cortège est nombreux, riche en prétentions, s'il arbore des promesses radicales et des bannières aux couleurs variées, vous allez voir qu'il est pauvre quand nous lui tendons nos mains, nos tristes mains.

*
* *

Ici commence la seconde partie de notre Causerie. Par quels moyens antiseptiques allons-nous garantir ceux que nous secourons, et nous-mêmes, des suites d'une intervention charitable, qui peut être désastreuse.

Supposons le cas, non pas le plus fréquent, mais celui où

les conditions de l'asepsie opératoire sont plus particulièrement réalisables. Vous appartenez, comme Dames de la Croix-Rouge, à une ambulance fixe, à un hôpital bien installé; vous avez à préparer et à collaborer à une opération grave, vous devez pour vous-même prendre toutes les précautions antiseptiques et concourir à la mise en pratique d'une asepsie rigoureuse. Il faut donc vous laver les mains selon la formule.

Et d'abord, veuillez, Mesdames, retirer vos bagues. Vous ne sauriez croire combien septiques sont ces charmants objets. Chaque angle de la sertissure est un nid à microbes, — et même à vos doigts les roses ne sont pas sans épines. De plus il vous faudra les approcher du puissant sublimé corrosif, et par une inversion remarquable en ce monde, ni l'argent ni l'or ne lui résistent : il les transforme en des chlorures sans valeur.

Puis prenez votre gratte-ongle et, sans fausse honte, grattez et évidez le sillon unguéal. Il y a mieux encore, suivez le procédé indiqué par le Professeur Guyon, au cours de sa leçon d'ouverture de l'automne dernier : Avec une fine compresse mouillée, passez et repassez dans ce sillon, curez-le soigneusement; c'est un maître qui vous donne ce conseil; il est excellent.

Prenez ensuite une cuvette... pardon, pas la cuvette de tout le monde, une cuvette bien lavée, bien séchée, et préalablement flambée. Pour plus de sécurité, recommencez cette opération en versant une cuillerée d'alcool que vous étendez avec une boulette d'ouate, approchez une allumette enflammée et... flambez cuvette! Vous versez de l'eau bouillie chaude à environ 40°, préparée d'avance si possible, et conservée dans des litres de verre bouillis eux-mêmes, et bouchés avec des tampons d'ouate aseptique. Les bouchons aseptiques sont un luxe, Pasteur a montré que le tampon d'ouate mérite toute confiance.

Prenez un savon. Il existe des savons qui se disent antiseptiques; n'y croyez pas trop, les substances antiseptiques se décomposent vite au mélange avec les graisses alcalines. Je ne connais que de nom le savon de Witkosk, à la poudre de marbre et au lysol. Non, le meilleur savon, c'est le savon de Marseille.

Prenez une brosse, non pas la brosse qui traîne sur les tables de toilette, et qui, ayant déjà servi, est septiqué probablement, sale pour certain ; mais cueillez avec une pince cette brosse qui est renfermée dans un bocal et immergée dans une solution de sublimé au 1/2000, suivant la pratique de Von Bergmann, de Berlin.

1re opération : Brossez ferme vos mains, surtout les espaces interdigitaux, en tenant les doigts bien écartés ; cinq minutes, ce n'est pas assez ; dix minutes au moins. Certains chirurgiens affirment même qu'au bout de 20 et 25 minutes, le résultat n'est pas encore parfait. Mais tout doit avoir une fin ; elle consiste en un lavage à grande eau courante bouillie, toujours bouillie.

2e opération : Pour dégraisser vos mains, la graisse étant un milieu qui retient et cultive bien les microbes, arrosez-les d'un peu d'éther, puis plongez-les dans un peu d'alcool rectifié à 90°, pendant 2 minutes.

3e opération : Vous voyez ce flacon contenant une solution facile à reconnaître à sa riche couleur violette. C'est du permanganate de potasse au 1/100. Prenez garde, le contact n'en est pas caustique, mais les taches sur les étoffes en sont indélébiles, donc pas d'éclaboussures. J'y plonge la main ; si elle est bien dégraissée, elle va en sortir avec une vilaine couleur brune. Ne vous récriez pas ; dans un instant il n'y paraîtra plus ; ma main va ressortir de cette nouvelle liqueur, qui est une solution de bisulfite de soude à 1/100, aussi blanche qu'avant (ceci est une façon de parler), mais sentant un peu l'acide sulfureux. Aucun inconvénient ; le soufre, l'acide sulfureux, sont de puissants antiseptiques.

4e opération : Abordons enfin le grand antiseptique, le bichlorure de mercure ou sublimé corrosif, le plus sûr contre le streptocoque de l'érysipèle, contre le staphylocoque de la suppuration. Il en existe deux solutions : une solution officinale au 1/1000, où il est mélangé à l'acide tartrique, et qui est ordinairement teintée de bleu par l'addition d'une couleur d'aniline ; 2° une solution alcoolique qui porte le nom d'un

Médecin de la première moitié du XVIII° siècle, la liqueur de
Van Swieten. Quand vos mains sortiront de ce dernier bain,
elles seront un peu rugueuses, lavez une dernière fois à
l'alcool pur, puis laissez égoutter, à moins que vous puissiez
vous essuyer à un linge, une compresse d'une asepsie parfaite.
Cela existe dans les bons endroits. Quelques gouttes de glycé-
rine pourront adoucir votre épiderme, mais surtout pas de
corps gras. C'est fait.

***

Mesdames, vous m'accorderez bien qu'il a fallu 25 minutes
pour accomplir cette série d'opérations. Et si encore le résultat
était certain. Des expérimentateurs sont survenus, Krönig,
Kelly, qui ont établi que, même au prix de ces opérations,
l'asepsie des mains n'était pas sûrement obtenue. Les asser-
tions conformes de M. le Dr Quenu à la Société de Chirurgie de
Paris, n'ont pas été carrément réfutées. Mais alors c'est à y re-
noncer ! 25 minutes, c'est trop long. Peut-on, dès lors, en raison
du résultat aléatoire, écourter, supprimer quelques-unes des
opérations? Faut-il, avec M. le Dr Kelly, de Philadelphie, supprimer le sublimé au bénéfice du permanganate, ou inversement avec le Professeur Furbringer. C'est aussi la pratique
qui a réussi à M. Delbet, de Paris. M. Reynier supprime l'éther
et l'alcool et garde la permanganate et le sublimé. Le Professeur Reinicke ne conserve plus que l'eau savonneuse et le
sublimé. Mikulicz, de Breslau, se lave les mains avec une dis-
solution alcoolique de savon, sans eau. Enfin, le Professeur
Terrier réduit toutes ces opérations à une seule, le lavage dans
l'eau chaude stérilisée salée à 7/1000.

Oh ! voilà qui serait beau. Pouvoir aseptiser ses mains dans
l'eau salée, bouillie, chaude. Il est vrai que M. Terrier nous
prévient qu'il soigne particulièrement ses mains et qu'il évite
de toucher les plaies suppurantes. Il est de la catégorie des
Chirurgiens aseptiques. Serait-ce votre cas ? Il est évident que
vous n'aurez pas le choix des blessés à soigner et que, en
guerre surtout, presque toutes les plaies sont infectées et sep-

tiques. Réduire votre rôle à soigner des plaies aseptiques serait singulièrement réduire votre tâche et imposer à votre charité des bornes dans lesquelles elle ne saurait se renfermer. D'autre part, vous n'aurez pas toujours 25 minutes à donner à vous-mêmes, et en présence d'une mort imminente par hémorragie, en entendant les cris de souffrance d'un estropié, vous irez au plus pressé, vous chercherez à arrêter le sang, à recouvrir une plaie béante, à placer un membre fracturé dans une position moins pénible pour le patient et plus satisfaisante pour l'honneur de la Chirurgie.

Tâchons donc de trouver ensemble une formule plus simple.

Après nous être placés dans la meilleure situation pour répondre aux exigences de l'asepsie, imaginons-nous être dans la plus mauvaise. Vous êtes en rase campagne, en présence de la victime d'un accident de bicyclette ou d'automobile. — Cela peut arriver tous les jours. — Vous transportez le blessé à la ferme voisine, au hameau prochain. Pas de médecin, pas de pharmacien. En bien peu de temps, vous pouvez avoir de l'eau bouillante que vous ferez rafraîchir dans un seau d'eau froide ; pour la faire chauffer, une marmite, une lessiveuse propre ; pour la rendre plus antiseptique une ou deux poignées de gros sel de cuisine. Demandez un savon de Marseille neuf ; par quelques coups de couteau rafraîchissez les tranches, arrondissez les angles. Grattez-en la surface avec vos ongles pour les remplir de pâte savonneuse. Savonnez ferme vos mains dans une cuvette ou mieux dans un saladier ou une soupière descendue du dressoir, et que vous aurez flambée avec une cuillerée d'eau-de-vie (cela se trouve partout), avec de l'alcool dénaturé ou de l'esprit de bois (tous les épiciers en vendent). Cette même eau-de-vie, ce même alcool, peut vous servir au dégraissage de vos mains et pour la confection d'une liqueur de Van Swieten artificielle. Pour cela, il suffirait de laisser macérer pendant quelques minutes un papier Balme, la moitié d'un carré découpé, dans un litre d'eau auquel vous ajoutez un verre d'alcool. Ce papier n'est guère encombrant, il pourrait être caché dans un coin de votre porte-carte, même de votre porte-monnaie, enveloppé dans son papier imperméable. Soit, vous n'en avez pas. Mais que de maisons où vous trouverez de l'eau-de-vie camphrée, un vieil antiseptique qui n'est plus guère de mode à la ville, mais qui réussit encore à la campagne. Et l'eau de Javel, qu'on trouve partout; ne croyez-vous pas qu'on peut avec quelque chance de succès fabriquer une solution chlorée, un antiseptique qui n'est pas à dédaigner? Mettez une cuillerée à bouche d'eau de Javel — quelques gouttes seulement s'il s'agit de l'extrait — dans un litre d'eau. Tout cela n'est ni impossible ni même difficile à improviser. — Puis, votre pansement terminé, rentrez chez vous, et si la plaie était septique, si vous avez ce qu'il faut pour effectuer une désinfection complète de vos mains, alors prenez votre temps, mettez, s'il le faut, 25 minutes, 30 minutes, pour arriver à ce résultat; et vous voilà prêtes pour de nouveaux pansements.

Nous serions injustes de ne pas donner une mention aux antiseptiques moins classiques, et particulièrement à l'acide phénique. Celui-ci est un peu déchu de sa grandeur; il a cependant une brillante histoire, mais ce n'est pas ici la place de la rappeler. Utile et encore employé pour la désinfection des instruments, couteaux, pinces, que le sublimé abîme, il est abandonné pour les mains; la cause en est que pour agir efficacement sur les microbes, il faut l'employer en solution concentrée (1/25), et que beaucoup d'entre nous ne pourraient en supporter le contact un peu prolongé : vos mains, bien certainement, en sortiraient brûlées, et la guérison n'en est pas toujours facile ni surtout rapide.

Il est enfin une pratique dont je veux vous dire un mot : celle des gants, préconisée en Allemagne, et en France par MM. les docteurs Quenu et Tuffier. Gants de fil remontant jusqu'au coude, gants de tricot, de soie caoutchoutée de V. Z. Manfeuffel, gants de caoutchouc de Mikulicz, tous préalablement aseptisés. — En voici un spécimen. Le but, vous le comprenez, est autant de protéger l'opérateur contre l'infection provenant d'une plaie septique, que de défendre le blessé ou l'opéré contre la main supposée septique du Chirurgien et de ses aides. Il y a bien des objections à y faire. Mais la principale est celle-ci : c'est que l'emploi des gants ne dispense nullement de l'obligation de procéder préalablement à la toilette des mains suivant les formules antiseptiques. Cependant il se prête à certains cas d'opération dans une région d'une putridité reconnue, ou à des pansements particulièrement fétides et répugnants. Vous verrez probablement des Chirugiens employer des gants chirurgicaux, vous n'aurez peut-être pas à vous en servir, mais je vous conseillerais volontiers d'avoir à votre disposition des gants, fussent même des gants réformés de votre toilette, en peau un peu épaisse, des gants montants, sans bouton si possible, appropriés par un bon teinturier. Un lot de ces gants pourrait vous protéger pendant une campagne de guerre contre des contacts trop dangereux, par exemple dans le cas où vous auriez quelque écorchure inoculable, que vous ne pourriez oblitérer avec le collodion ou le stérésol.

Je mentionnerai encore la pratique d'un de nos confrères de l'armée, le docteur Mariau, qui préconise le vernissage des mains avec le vernis blanc à tableau, et enfin un moyen qui me séduit par sa simplicité, donné par Mikulicz, d'après Roux (de Lausanne) : Le badigeonnage des extrémités des doigts avec la teinture d'iode. Ce moyen me paraît excellent, pratique, à la condition de ne pas le répéter trop souvent, et d'avoir de la teinture d'iode fraîche, non caustique, sans quoi vous perdriez rapidement l'épiderme de vos doigts, et vous ouvririez toute grande votre porte aux inoculations septiques ; ce que, certes, je ne vous souhaite pas.

Mesdames,

Me voici parvenu au terme de ma tâche. Je me suis efforcé de vous montrer comment notre main, cet admirable instrument, peut ne pas être apte à faire œuvre chirurgicale ; — quels dangers en résulteraient pour le patient auquel vous devez apporter le secours et le bénéfice de votre intervention, et non la maladie, la souffrance, peut-être la mort ; — quels moyens vous pourrez employer pour approcher d'une asepsie idéale.

Maintenant, j'aurais voulu vous montrer le point de vue moral, élevé, d'une question en apparence si terre à terre. Venues à nous dans l'esprit de charité et de piété humanitaires, vous assumez une responsabilité considérable, vous contractez des devoirs ; vous vous devez à vous-mêmes, et vous devez à ceux que vous assisterez, non seulement votre bonne volonté, mais encore vos soins dans des conditions les plus parfaites possibles. Vous le ferez, je l'espère, sans outrance, sans exagération, avec ce rare dévouement, cette fine intelligence, ce tact exquis que la femme sait mettre à faire le bien.

DEUXIÈME CONFÉRENCE

(25 Février 1901)

LE RÉGIME ALIMENTAIRE

DES GRANDS BLESSÉS

Mesdames,

Dans une lettre fort aimable, qu'elle a bien voulu m'adresser au nom du Comité de la Croix-Rouge, Madame la Comtesse Benedetti, votre secrétaire, m'a fait l'honneur de me demander d'inaugurer une seconde série de Conférences. Mes confrères et moi nous rendons à votre désir.

Cette seconde épreuve est néanmoins pleine de périls, et je ne l'aborde pas avec moins d'émotion que la première, car si nous avons été assez heureux pour mériter vos suffrages, nous risquons maintenant de les perdre, — ce dont nous serions désolés. Cette crainte est peut-être encore plus redoutable pour moi, car le sujet de cette Conférence est tout à fait différent de celui de la première. Tandis que celle-ci était toute de mimique, quelque chose comme une conférence sans paroles, aujourd'hui, en me proposant de vous faire connaître le *régime alimentaire* des grands blessés et des opérés, je ne puis que vous offrir une causerie, sans la plus petite exhibition.

Il y a eu de tout temps des blessés, et, de tout temps, ces malheureux ont demandé à boire et à manger. Chose curieuse, on a beaucoup disserté sur le régime alimentaire des maladies internes, beaucoup médité sur les qualités, les variétés, les effets vrais ou faux de ce régime; il n'a, pour ainsi dire, été rien écrit sur la régime alimentaire des blessés. Pourquoi? Par la raison que voici. De tout temps on a considéré un blessé comme un malade, on l'a traité au point de vue du régime comme un malade; les Chirurgiens, et cela est manifeste notamment pour les grands Chirurgiens du moyen âge et de l'époque de la Renaissance, n'auraient pas osé ne pas se conformer aux théories médicales plus ou moins renouvelées d'Hippocrate et de Galien. Et cela dura presque jusqu'à nos jours. Quand Tissot, à la fin du XVIIIe siècle, consacra sa plume à édifier un traité « du régime des gens aisés », un autre « du régime des gens de lettres », et enfin « l'avis au peuple », sorte de traité d'hygiène populaire, il ne lui vient pas à l'idée de rédiger un régime à l'usage des blessés, mais en revanche il nous en donne un singulier aperçu dans la phrase suivante, qui est au moins suggestive : « Des malades jugés ne devoir » vivre que quelques heures, après des plaies de la poitrine, » du bas-ventre, des reins, ont été complètement guéris en ne » vivant plusieurs semaines que de tisannes d'orge ou d'autre » tisannes farineuses, sans sel, sans bouillon, sans aucun » remède quelconque et surtout sans onguent. » Voilà des blessés bien peu malades et un régime alimentaire bien simple, à bon marché; de la tisane, pas de bouillon, pas même de sel; il n'était besoin, pour l'apprendre, d'aucune Conférence, et notre réunion serait sans motif, s'il en était toujours ainsi.

Eh bien, je dis, moi, que tout blessé n'est pas un malade, qu'il peut seulement le devenir, et que ce qui en fait un malade ce sont les complications, les accidents, et disons plus justement, les infections sur-ajoutées. Vous pourriez voir aujourd'hui, dans mon service hospitalier, un jeune homme qui était il y a quinze jours allé au bal (certes, à ce moment, il n'était pas malade); à la sortie, il s'est battu et a reçu deux coups de couteau, un à la figure et l'autre à la cuisse, ce dernier faisant une plaie de quinze centimètres; je l'ai pansé le lendemain, j'ai lavé ses plaies avec les meilleurs antiseptiques,

je les ai suturées suivant les préceptes de la méthode aseptique; ses plaies ont guéri comme nous disons, par première
intention (c'est la meilleure!) — et cet homme, je l'affirme,
n'a pas eu une heure de maladie; c'est un blessé, ce n'est pas
un malade, et pas un instant son régime alimentaire n'a été
celui d'un malade; l'hémorragie considérable qui avait précédé
le pansement, n'a même pas, en raison de son âge, laissé de
trace appréciable.

Quand au commencement du XIXᵉ siècle, sous les auspices
des théories auxquelles s'attachent les noms de Brown et de
Broussais, tout malade l'était par irritation, tout fiévreux avait
une inflammation de l'estomac (gaster) et de l'intestin (enteros),
une gastro-entérite, les Médecins enseignaient et les Chirurgiens répétaient qu'il fallait soigner les uns et les autres par
la saignée, même préventive, par les sangsues, par la diète.
Or, à cette époque, par suite de conditions inconnues alors,
mais que nous mettons aujourd'hui et avec raison au compte
des infections septiques, presque toutes les plaies, toutes les
opérations donnaient lieu à ce qu'on appelait la fièvre traumatique, — donc à une gastro-entérite, — donc, toute plaie,
toute opération, réclamait le traitement, saignée, sangsues,
diète. Le roi Louis XIV subit une opération bien peu grave et
qui n'exige que des soins locaux, le 18 novembre 1686, et ce
colossal mangeur reste aux bouillons jusqu'au 3 décembre,
jour où ses Médecins lui permettent un peu de viande et de
vin. Il y a encore peu d'années, tout blessé, tout opéré, devait
se résoudre à être soigné comme Louis XIV lui-même.

En France, ce fut le Chirurgien Malgaigne qui, étudiant les
statistiques hospitalières pendant les deux invasions qui ter-
minèrent l'épopée impériale, puis prenant part à la guerre de
Pologne, formula le premier des doutes sur le régime de diète
imposé aux blessés et aux opérés. Enfin, nos confrères de
l'armée, pendant la guerre de Crimée, voyant à côté d'eux les
Chirurgiens anglais avoir des succès, là où leur propre science
éprouvait les plus rudes échecs, durent convenir que ces succès avaient leur cause dans le régime incendiaire, comme on
disait alors, prescrit aux blessés de l'armée anglaise.

Aujourd'hui, en temps de paix s'entend, la fameuse fièvre traumatique, expliquée jadis par la gastro-entérite, acceptée ensuite comme une conséquence nécessaire de toute blessure un peu importante, n'existe plus ; cette fièvre, qui n'est que l'expression d'une infection septique plus ou moins grave, a disparu par l'emploi judicieux des antiseptiques et surtout par le mise en pratique des procédés aseptiques. Mais ne vous y fiez pas ; en temps de guerre, combien de plaies qui vous arriveront infectées, septiques, et à des degrés tels que tous les agents antiseptiques n'en laveront pas la souillure ; combien d'opérations qui, dans le désordre d'une campagne, que je rêve victorieuse, ne seront pas aseptiques !

Laissons là la fièvre traumatique, bien convaincus aujourd'hui qu'à moins d'incurie grave, d'imprudence notoire, ce n'est pas le régime alimentaire qui est en jeu, mais bien les causes ou agents d'infection d'une part, et l'état de santé et de résistance du patient de l'autre, et demandons-nous quel régime alimentaire lui convient. Lequel? Je vous entends me répondre : nous lui donnerons un régime riche, succulent, tonique. Voyons ensemble si vous avez raison, et surtout toujours raison.

*
* *

La fantaisie est souvent plus vraie que la vérité elle-même. Faisons de la fantaisie ; créons par notre imagination une ambulance modèle, des blessés modèles, et suivons-les dans les diverses phases qu'ils vont parcourir ; imaginons plusieurs scènes, et je vais m'efforcer de vous en rendre témoins.

Votre ambulance est installée ; l'état-major vous a annoncé un convoi de blessés. Vous l'attendez et votre cœur bat bien un peu ; enfin vous allez pouvoir exercer vos talents. Il arrive ; mais on accourt vous prévenir qu'un des conducteurs de voiture d'ambulance en tournant pour entrer par la porte cochère, a fait une fausse manœuvre ; il est tombé ; un cheval lui a donné un coup de pied, la voiture lui a passé sur le corps ; le malheureux gît, presque sans connaissance, se plaignant faiblement. Observez ce qui va se passer. Déjà un des assistants a parlé de réconfortant, de cordial; deux minutes après le cordial apparaît sous l'espèce d'un petit verre d'eau-de-vie, d'alcoolat de mélisse, de chartreuse; une minute après, il est avalé. Soit, je ne ne suis pas l'ennemi du petit verre administré à propos, et ne suis pas du tout de l'avis de cet excellent Tissot, qui dit qu'il ne « faut pas s'impatienter de ce que le patient est sans connaissance et sans sentiment ». Mais défiez-vous, un second petit verre va apparaître, suivi d'un troisième. C'est trop; et qui vous dit que la victime n'était pas un peu ivre : vérification faite, cela est vrai quatre fois sur cinq, et le cordial alcoolique est, pardonnez-moi l'image un peu bizarre, de l'huile sur du feu. Première règle : à la période initiale d'un accident avec blessure, votre rôle sera modérateur, prohibitif ou protecteur.

Deuxième phase. Occupons-nous plutôt des blessés que ce maladroit (que nous retrouverons par la suite, mais il guérira, car nous ne voulons tuer personne) nous a amenés. En voici deux, qui ont été blessés avant-hier matin, ramassés le soir sur le théâtre d'une escarmouche; ils ont subi un pansement sommaire, hier, puis ont été véhiculés, secoués toute la nuit, enregistrés, immatriculés; descendus de voiture, et enfin couchés. Ces hommes n'ont qu'une pensée, qu'un désir, qu'une parole : à boire ! Dans votre bon cœur, vous allez leur servir du vin chaud, du grog un peu fort; dans cinq minutes, ils vous redemanderont : à boire ! et vous céderez parce que leur plainte a l'accent de l'angoisse et de la vérité. Mais bientôt vous vous apercevrez que vos blessés vont boire beaucoup de vin, beaucoup de grog. N'ayez aucune crainte : le blessé de lui-même va faciliter votre tâche en vous réclamant de l'eau pure; c'est l'eau pure qui lui fera le plus de plaisir, parce qu'il espère en boire son comptant, et que ce qui le tourmente c'est une soif inextinguible. C'est chose curieuse que cette soif, qui se conçoit chez ceux qui ont perdu beaucoup de sang, mais qui fait souffrir même ceux qui n'en ont perdu que fort peu. Elle est l'indice d'une infection commençante. A boire ! Tel est le cri qui s'entend sur le champ de bataille quelques heures après le dernier coup de canon; qui permet de retrouver dans la nuit le blessé blotti dans un fossé, adossé à un arbre. A boire! est le premier mot qu'un blessé de la veille vous adressera; donnez lui à boire de l'eau pure, filtrée, ou très faiblement aromatisée, et je vous recommande à cet égard le café.

Ce n'est pas tout. Tous les grands blessés ne sont pas des moribonds; toutes les blessures ne réclament pas une opération immédiate, et même certaines, quoique graves, n'en réclament aucune. Songez que voilà un homme qui a peut-être à peine cassé une croûte avant-hier, ou hier, de bonne heure, dans la nuit, qui a fait une marche forcée, qui s'est battu avant de tomber, le mollet perforé par une balle. Il a bien un peu de fièvre, de l'excitation par moments, de la dépression plus souvent; il a faim.

Permettez-moi de vous raconter un épisode de ma courte existence militaire. C'était le 30 novembre 1870, le jour de la bataille de Champigny; j'étais alors attaché comme aide-major à un bataillon de mobilisés, en grand'garde à Creteil; vers midi, une attaque des hauteurs de Montmely avait marqué une diversion à l'aile droite des lignes françaises. J'avais établi mon ambulance et planté mon drapeau blanc à croix rouge (le vôtre, Mesdames), sur une des plus belles maisons bourgeoises. A quatre heures, une soixantaine de blessés étaient étendus sur de la paille et occupaient tout le rez-de-chaussée; je passai la soirée et la plus grande partie de la nuit à leur donner mes soins... et à boire. Vers quatre heures du matin, succombant à la fatigue et au besoin, je m'étais jeté tout habillé et sans rien prendre sur un brancard ensanglanté. Quel fut mon étonnement à mon réveil, de trouver dans la cheminée du salon, seule pièce où nous eussions pu allumer du feu, une marmite qui bouillonnait. Tout s'expliqua; si tous mes blessés demandaient à boire, plusieurs criaient la faim; mes aides-infirmiers étaient allés dans un champ arracher deux grosses betteraves, les avaient découpées en rondelles, s'étaient procuré du sel, avaient découvert dans la cuisine un reste de graisse... et on faisait la soupe. Et j'entends encore les paroles de satisfaction qui accueillirent la distribution, et me souviens de l'expression de reconnaissance de ces malheureux déclarant qu'il y avait longtemps qu'ils avaient mangé une soupe aussi bonne et aussi chaude. Je ne vous donne pas la recette de la soupe à la betterave crue comme le dernier mot de l'art culinaire, mais je vous donnerai le conseil dont je profiterais, si pour mon malheur je me retrouvais à pareil jour, ou si j'attendais un convoi de blessés : faites préparer une soupe chaude.

Nous voici arrivés à la troisième phase. Le Chirurgien a visité votre ambulance ; de vos deux grands blessés, l'un, la jambe perforée par une balle, peut attendre, l'autre, atteint à la tête, doit subir demain une opération. Nous entrons dans la phase opératoire, préopératoire, ou encore (l'opération réclamant la mise en pratique de l'anesthésie par l'éther ou le chloroforme), dans la phase que j'appelle chloroformique, parce que, au point de vue du régime, c'est de l'emploi de l'anesthésique que découle l'indication. Or, celle-ci est absolue. Toute personne qui doit être soumise à l'action d'un anesthésique, doit être à jeun, avoir l'estomac vide, absolument vide ; si non, après quelques aspirations, les nausées viendront et forceront à suspendre l'inhalation ; les vomissements se répéteront à chaque nouvelle tentative, l'anesthésie sera longue à obtenir et restera incomplète. Ce n'est pas que cet accident soit très grave par lui-même, quoiqu'on ait vu, pendant des vomissements, des fragments alimentaires rester dans la gorge, s'introduire dans la glotte et déterminer des phénomènes d'asphyxie ; mais il allonge l'opération, distrait tout le monde ; les liquides vomis peuvent se répandre sur la literie, sur la plaie même. Et quelle complication, quel danger quand l'opération, comme dans le cas actuel, a lieu à la tête. Voyez-vous le Chirurgien à la recherche d'un corps étranger, d'un trait de fracture, d'une collection purulente, perdant de vue le champ opératoire, obligé de retrouver ses points de repère sur une tête sans cesse agitée et déplacée par des mouvements subits, désordonnés.

Donc, quatre heures au moins avant l'opération, la diète doit être absolue ; mais, dites-vous, le malade a soif ; humectez-lui les lèvres, la langue, avec un linge mouillé, donnez quelques petits fragments de glace, si c'est possible, c'est tout... et j'ajoute, ne laissez pas traîner à la portée du patient une carafe ou un pot de boisson.

Pendant l'opération, nul ne songe à alimenter l'opéré ; je ne crois pas que nous revoyions le temps où, dit-on, les blessés se livraient aux mains des Chirurgiens en buvant un verre de vin et en allumant une pipe. Mais l'opération terminée, l'opéré replacé dans son lit, que faut-il lui donner? Eh bien, je suis fâché de le dire, mais bien souvent les Chirurgiens, et je parle des plus habiles et même des plus soigneux, négligent complètement ce détail. A la question que faut-il donner au patient ? Ils répondent : « Ce qu'il voudra..., ce que vous voudrez..., de la glace, du champagne. » — Ce que l'opéré voudra ! Mais il ne demande rien, abruti qu'il est par le chloroforme, l'émotion, la perte de sang, les souffrances, l'insomnie, les soucis qui ont précédé l'opération ! — Ce que l'infirmier ou la garde voudront ! Mais les gens sont sans qualité, sans autorité, sans savoir, pour faire prévaloir leurs goûts ou leurs préférences, et je déclare que si une garde-malade voulait me faire avaler de la panade parce qu'elle l'aime, elle n'y réussirait pas, car je la déteste, et pourrais bien en même temps détester la garde. De la glace, c'est un corps solide qui fond ; — et le champagne est une excellente boisson que bien des estomacs n'apprécient qu'après un bon repas. Il y a des règles, et les voici :

Si l'opéré a eu des vomissements sous l'influence du chloroforme ou de l'éther, s'il a des nausées, donnez-lui le moins possible et seulement quelques gouttes de boisson très fraîche, vin coupé d'eau froide pure ou gazeuse, champagne frappé, quelques fragments de glace. — S'il n'a ni vomissement ni nausée, laissez-le, sans rien prendre, pendant deux ou trois heures, lentement se réveiller. — S'il a perdu beaucoup de sang, s'il reste dans la torpeur, se réchauffe avec peine, donnez au contraire une boisson alimentaire, lait chaud, bouillon dégraissé, grog chaud, vin sucré, toujours à petits coups, en vous efforçant de le maintenir éveillé, le réchauffant, le frictionnant, le stimulant par une injection sous-cutanée d'éther, de caféine, de sérum artificiel, suivant la technique que vous a si bien décrite mon excellent ami, le Dr Lefèvre ; et au bout de trois heures, l'estomac acceptant la nourriture, donnez un consommé avec un jaune d'œuf, un potage avec boulettes de viande crue ou hachée, un potage à la Reine.

Ainsi, quatre heures environ après l'opération, quelquefois davantage, nous entrons dans la quatrième phase, période dangereuse, critique, période d'infection possible, celle-là même qui caractérise l'état de grand blessé. Quand vous observerez des blessés, en temps de guerre, cette période sera malheureusement bien souvent commencée, et l'état septique ou infectieux arrivé déjà à un tel degré que l'emploi méthodique des antiseptiques les plus puissants pourront à peine en modérer les effets. Allez-vous, comme nos maîtres anciens, élever la diète à la hauteur d'un principe, ou, comme certains paraissent tentés de le faire, alimenter vos victimes avec force vin corsé, potion de Todd au cognac, tranches de viandes rôties ; allez-vous enfin prescrire le régime de votre choix, ce que vous aimez. Je vous prédis un triste résultat.

Vous avez heureusement un instrument précis qui va vous donner le niveau de l'alimentation, et cet instrument c'est le... thermomètre. Je ne vous apprends pas ce que c'est qu'un thermomètre, et que cet instrument peut servir à autre chose qu'à mesurer la chaleur de l'air de vos appartements ou celle de l'eau de votre bain. Vous savez que, placé à nu près de votre corps, sous votre bras, par exemple, vous pouvez mesurer par lui votre propre chaleur. Vous savez que la température du corps n'est pas constante et que, prise dans l'aisselle, elle oscille normalement entre 37° et 37° 1/2. Revenons à nos blessés, à notre opéré ; à partir du moment où celui-ci est replacé dans son lit, suivez du plus près possible les variations de sa thermalité : prenez la température de votre malade le plus souvent que faire se pourra, toutes les deux ou trois heures, plus souvent même s'il paraît se refroidir, deux fois par jour au moins, avant la visite du Chirurgien le matin, entre cinq et six le soir — et inscrivez le résultat. Vous prévoyez ce qui va se passer ; ou votre thermomètre indiquera une ascension de la température plus ou moins rapide, généralement par secousse quotidienne, mais qui en quelques heures peut se

mesurer par 2 et 3 degrés de différence, de 37° monter à 40° ;
— ou votre thermomètre indiquera une descente plus ou
moins rapide, et généralement continue, et atteindra successi-
vement 36, 35 1/2, 35° — ou enfin il restera stationnaire,
n'indiquant que des variations insignifiantes d'un 1/2 degré.
Même, dans ce cas, le plus favorable évidemment, ne vous
réjouissez pas trop et continuez vos observations, nous vous
montrerons plus tard qu'on peut avoir de terribles surprises.

Dans le premier cas, votre blessé est en proie à une complication, disons mieux, à une infection à forme hyperthermique,
le plus souvent fébrile, — par exemple à un érysipèle ; dans le
second, il est la victime d'une complication à forme hypothermique, shock, gangrène septique, ou d'un accident qui réclame
une intervention rapide, comme une hémorragie cachée dans
les profondeurs du pansement ou dans une cavité naturelle du
corps. Au premier blessé, qui brûle sous ses draps, allez-vous
verser du thé chaud, du grog corsé ; au second, qui grelotte
malgré boules d'eau chaude et frictions, et dont la peau
visqueuse suinte une sueur froide, allez-vous donner de la
glace et du champagne. Non, votre bon sens sera plus fort que
la tradition, disons la routine. Au premier, vous donnerez une
boisson rafraîchissante, limonades aux fruits, au miel (orange,
citron, pomme), limonades aux sirops acides (de grenadine, de
groseille, de framboise), et la meilleure de toutes, la limonade
vineuse ; vous donnerez encore les boissons gazeuses, champagne frappé ou non, eaux gazeuses édulcorées, cidre, bière ;
vous donnerez les boissons animalisées, bouillons froids, lait
sucré aromatisé au café, à la vanille, à l'eau de laurier-cerise
ou au kirch. Notez que cette fièvre chaude ne va pas durer
quelques heures seulement, mais bien plusieurs jours, que vous
avez à faire le plus souvent à un pauvre homme épuisé par
une campagne, des privations de toutes sortes, une blessure,
la perte de sang, la souffrance physique et morale, maintenant
par une fièvre à haute température, par le travail intime d'une
septicémie aiguë, et cela pendant des jours et des jours.
Comptez le nombre de jours de diète presque complète qui
viennent de s'écouler, et il ne serait pas permis de donner autre
chose que de l'eau plus ou moins acidulée, sucrée ou gazeuse,

que du bouillon faible. Je proteste; il faut nourrir ce malade
le plus tôt possible; il faut une bonne fois rompre avec cette
vieille rengaine qui veut qu'un blessé qui a la fièvre chaude.
ne doit pas manger, et puisque la cheminée doit brûler, mieux
vaut qu'elle brûle du combustible que la maison elle-même.

Inversement, au blessé qui se refroidit, il faut donner des
boissons réchauffantes, stimulantes, grogs très chauds, café
noir, thé bouillant, vin sucré chaud aromatisé à la cannelle,
punch au rhum, bouillons forts, thé de bœuf. Est-ce à dire que
si cet état, par malheur plus rapidement grave que le précé-
dent, car la chute de la température est continue et votre blessé
n'a devant lui que deux degrés, deux degrés et demi à des-
cendre avant la mort, est-ce à dire que vous devez indéfiniment
continuer ce régime, véritablement incendiaire. Non, là encore
rentrez le plus tôt possible dans le régime alimentaire normal
et en peu de jours parcourez la gamme des aliments qui commence au bouillon de poulet et finit à la viande rôtie.

C'est pendant cette période que l'art, et mieux que l'art,
votre bon cœur, votre ingénieux dévouement saura intervenir.
Car la difficulté n'est pas tant de trouver des espèces alimentaires, que de les faire accepter. L'obstacle est dans le patient
lui-même; ce malheureux, la langue sèche, la gorge ardente,
sans salive, vous supplie de le laisser tranquille. Il vous faudra insister, prier, faire appel à tous les arguments, à tous les
sentiments moraux, religieux, patriotiques, à tout ce qui peut
réveiller l'instinct de la vie, la famille, la récompense qui est
attendue, la lettre affectueuse que le courrier va apporter; il
faudra rendre appétissant un mets d'abord repoussé, trouver
un plat du jour, une soupe aux choux ou à l'oignon, et qui
flatte le goût émoussé, le verre de cidre ou de bière qui rap-
pelle le pays, ou encore aller chercher au magasin, car il faut
en avoir en réserve, quelque gâterie, quelque conserve fine,
qui éveillera la curiosité en même temps que le goût. C'est
alors que votre tâche sera belle et méritoire. J'ai le souvenir
d'une digne religieuse qui passait les heures que ses propres
souffrances lui laissaient libres, à faire avaler à ses malades
des cuillerées de potages, des boulettes de viande crue ou
revenue dans le beurre, ou encore artistement dissimulée entre

deux lames de pain. Et avec quelle joie elle nous annonçait le lendemain les succès de ses efforts ; et nous lui en étions tous reconnaissants, car il n'y avait pas à l'hôpital de la Pitié de service où les malades guérissaient mieux que dans la salle de cette bonne sœur Ursule.

**

Ce serait dépasser le but que vous laisser, Mesdames, sous l'impression d'une formule vraie, mais trop simple ; rien n'est simple dans la santé, encore moins dans la maladie. Pour juste qu'elle est, l'indication thermométrique n'est pas toujours d'une appréciation facile ; elle sera insuffisante dans les cas où la complication redoutée et redoutable n'est pas une forme fébrile hyperthermique ou hypothermique. Bien d'autres facteurs interviennent pour modifier le régime : l'état mental, l'ennui des siens, les préoccupations patriotiques, etc., etc. On a toujours remarqué que les accidents des blessures étaient moins fréquents et moins graves chez les soldats de l'armée victorieuse. — L'origine, la nationalité du blessé : les gens du Nord supportent moins bien la diète carnée que les gens du Midi. — Les habitudes alimentaires, naturelles ou acquises : tel est gros mangeur, gros buveur ; le soldat français se passe difficilement de vin, alors que tel autre de nos voisins préférera le thé, l'alcool ou la bière ; nous sommes, à l'étranger, désignés comme gros mangeurs de pain. — Les goûts particuliers, les idiosyncrasies qui font que tel mets est constamment mal accepté, mal digéré. Enfin l'état de santé antérieur : un de nos blessés est dyspeptique et supporte mal les boissons acides, et au bout de quelques jours aura une efflorescence buccale de muguet ; il vous faudra remplacer les limonades par les eaux alcalines faibles (Vittel), moyennes (Vals) et même fortes (Vichy) ; le vin par la bière, l'extrait de malt. — Chez un autre, on découvre une lésion rénale, il lui faut du lait, rien que du lait.

Enfin certaines complications survenues à ce moment peuvent modifier totalement les conditions non-seulemsnt du régime mais encore de l'alimentation.

Revenons à nos blessés : notre opéré de la plaie de tête va mieux, mais vous remarquez avec étonnement que chez lui la soif persiste, continuelle, ardente; de plus il a une appétence singulière pour le sucre. Signalez le fait au Chirurgien, et, après une courte expérience, il en aura l'explication. Notre homme a une glycosurie traumatique; il est en train de devenir diabétique. Dès lors plus d'acide, mais des boissons alcalines, l'eau de Vichy en tête, le lait additionné d'eau de chaux, de bicarbonate de soude ; plus de farineux, mais des légumes verts; plus de ces plats mixtes, mouton aux pommes de terre, poule au riz, si commodes par la simplicité relative de leur confection, si recherchés pour leur saveur, qui rompt la monotonie du régime hospitalier.

Autre exemple : Vous souvenez-vous de notre voiturier ; il allait bien, vous l'aviez même gardé dans l'espérance de corriger son intempérance; le thermomètre indiquait à peine quelques oscillations, mais l'homme était triste, dormait mal, mangeait peu. Tout à coup ce malheureux, qui gisait immobile sur son lit, se dresse, ses bras s'agitent, il se lève. Quatre personnes ont peine à le réintégrer dans son lit et à l'y maintenir, car il développe dans ses mouvements désordonnés une force surhumaine. Les yeux hagards voient des images bizarres; il entend des injures, il y répond par des gros mots. C'est le délire traumatique de Dupuytren, le delirium tremens alcoolique de nos pathologistes modernes plus avisés. Or, que dit l'expérience? que cet alcoolique a besoin de sa dose quotidienne; que, par une mesure d'hygiène pleine de bonnes intentions, vous lui avez supprimé ou trop diminué sa ration d'alcool; que le meilleur de tous les remèdes pour lui c'est son eau-de-vie, son rhum, et que tout en cherchant à le calmer par l'opium, le bromure de potassium ou la digitale, il faut lui verser libéralement ce liquide perfide, ce poison... qui le sauvera cette fois encore.

Maintenant, il ne s'agit plus des difficultés d'ordre chimique comme dans le premier cas, ni des nécessités inéluctables d'une hygiène pernicieuse comme dans le second; la difficulté est matérielle. Vous préserve le ciel de posséder dans votre ambulance un blessé atteint de tétanos. Un matin, ce malheureux vous a confié qu'il ouvre difficilement la bouche, que ses mâchoires sont comme fermées, son gosier comme resserré ; on vous dira : c'est le trismus ; puis vous voyez ses membres se raidir, ses mains se fermer, ses ongles s'imprimer dans ses chairs, sa poitrine se contracter, son dos se voûter. La crise dure de longues secondes pour se reproduire quelques minutes après à l'occasion du moindre mouvement, du plus léger attouchement ; et l'infortuné, immobilisé pendant la crise, immobile dans l'intervalle, n'osant même pas parler, vous regarde tristement pour implorer un peu de soulagement. Le sérum antitétanique nous donne sans doute l'espoir de le sauver, mais d'abord il faut le nourrir. Je ne vous dirai pas les moyens bizarres, même barbares, qui ont été proposés ; le moins mauvais est peut-être encore celui qu'indiquait Ambroise Paré : introduire et maintenir un coin de bois entre les dents, puis verser doucement quelques cuillerées de bouillon succulent, de lait, d'eau fraîche. Vous ferez ce jour-là, Mesdames, ce que le Chirurgien vous indiquera, mais votre dévouement et votre patience seront soumis à une rude et douloureuse épreuve.

Mesdames,

Nous avons amené nos blessés, conformément à notre convention de les guérir tous, aux portes de la convalescence. Nous ne les suivrons pas dans cette dernière phase où bien des difficultés de régime les attendent, eux et vous. Le temps fuit, et l'heure propice est sonnée pour moi de vous renouveler l'expression de ma très vive gratitude pour votre flatteuse attention.

FONTAINEBLEAU

Maurice BOURGES, imprimeur breveté.

9 782013 338806